DARWIN'IN EVRIM TEORISI

Türlerin ortaya çıkışı

50MINUTES.com

DARWIN'IN EVRIM TEORISI

Türlerin ortaya çıkışı

tarafından yazılmıştır Romain Parmentier
tarafından çevrildi Baris Şahin

DARWIN'İN EVRİM TEORİSİ

ANAHTAR BİLGİLER

- **Ne zaman:** 24 Kasım 1859

- **Nerede?** Londra

- **Bağlam:** 19'uncu yüzyılda türlerin kökenine ilişkin bilimsel tartışmalar [th]

- **Katkıda bulunanlar:**

    - Charles Darwin, İngiliz doğa bilimci (1809-1882)

    - Alfred Russel Wallace, İngiliz gezgin ve doğa bilimci (1823-1913)

- **Etki:**

    - Doğa tarihinde türlerin kökenine ilişkin yeni anlayış

    - Darwinizm'in Yaratılışı

24 Kasım 1859'da *Doğal Seçilim Yoluyla Türlerin Kökeni ya da Yaşam Mücadelesinde Kayırılan Irkların Korunması* başlıklı kitap ilk kez yayımlandı. Birçok kez yeniden basılan ve birçok dile çevrilen kitap, [19.] yüzyılda kamuoyunu altüst etti. Kitabın yazarı Charles Darwin, yeryüzünde yaşayan tüm türlerin yavaş bir evrimin sonucu olduğunu ve hayatta kalmak için umutsuz bir mücadele içinde evrimleşmeye devam ettiklerini ileri sürüyordu. Ancak bu türler, Tanrı'nın iradesine göre bereketli bir

doğada yaşayan değişmez varlıklar değil midir? Bu iki fikir arasındaki uçurum çarpıcıdır.

Charles Darwin'in düşüncelerini ve teorisini yazıya dökmesi uzun yıllar aldı. Doğa bilimlerinden etkilenen Darwin'in devrimci fikirlerinin temellerini atan, *Beagle gemisinde* doğa bilimci olarak yaptığı yolculuk oldu. Aralık 1831'de yola çıkan gemi Ekim 1836'da İngiltere'ye döndü. Bu beş yıl boyunca genç bilim adamı çok sayıda hayvan ve bitki türünü toplama ve inceleme fırsatı buldu. Ayrıca doğaya bakışını sonsuza dek değiştiren bir dizi deneyim yaşadı.

Döndükten sonra Charles Darwin düşüncelerini topladı. 1839'da, türlerin değişime uğradığı ve hayatta kalma mücadelesinde doğal seçilim yoluyla bir evrime izin verdiği sonucuna vardı. Böylesine bilimsel bir yıkımın yol açabileceği sonuçlarla yüzleşmekten duyduğu kaygıya yenik düşen Darwin, çalışmasını tamamlamak için yirmi yıl uğraştı, buna itiraz edeceklere yanıtlar vermeye çalıştı ve dünya tarihine sonsuza dek damgasını vurdu.

SİYASİ, EKONOMİK VE SOSYAL BAĞLAM

DÜNYANIN HER YERİNDE BRİTANYA

[19.] yüzyıl hiç kuşkusuz Britanya'nın çağıydı. Gerçekten de Charles Darwin'in doğumuna tanıklık eden ülke zirveye ulaşmıştı. İngiltere'nin güç kazanması onlarca yıldır devam etse de, özellikle 18. yüzyılın sonları ve [19.] yüzyılda hız kazanmıştır. Demir, kömür ve buhar makinesinin kullanıldığı sanayi devrimine ilk giren ülke olan Britanya, bu sayede diğer tüm ulusların önüne geçme fırsatını yakaladı. Sanayi daha sonra İngiliz ekonomisini önemli ölçüde geliştirdi ve İngiltere dünyanın en büyük ekonomisi olma noktasına kadar giderek daha fazla mal ihraç etti.

İngiltere'nin [19.] yüzyıldaki önemine işaret eden bir diğer unsur da sahip olduğu toprakların önemidir. Bir önceki yüzyılın sonunda, Bağımsızlık Savaşı'nın (1775-1783) ardından Amerika'daki kolonilerini kaybeden ülke, yine de Kanada'ya ve Karayipler'deki birçok bölgeye sahipti. Donanmasının gücünü artıran Britanya, toprak fetihlerine amansızca devam etti. Birçok sefer Avustralya, Yeni Zelanda ve Pasifik'teki birçok adayı ele geçirmesini sağladı. Buna ek olarak, tüm Avrupa ülkelerinin göz diktiği Hindistan, 1757 ve 1858 yılları arasında İngilizler tarafından kademeli olarak fethedildi ve bölge kesin olarak Kraliyetin otoritesi altına girdi. Son olarak Afrika,

19. yüzyılın ikinci yarısında Avrupalı güçler arasında şiddetli bir mücadeleye konu oldu. Burada İngiltere, Kahire'den Cape Town'a kadar uzanan kolonileriyle kendine gerçek bir imparatorluk kurdu.

İngiltere'nin denizlerdeki kontrolü, Fransa başta olmak üzere Avrupalı rakiplerine karşı kazandığı zaferlerden de kaynaklanıyordu. Fransız Devrimi ve Napolyon Savaşlarının (1793-1815) ardından İngilizler, Fransız ve İspanyol rakiplerini nihayet yarış dışı bırakarak ülkeyi birinci deniz gücü haline getirdi. 1815 Viyana Antlaşması ayrıca İngiltere'ye Cebelitarık, Freetown (Sierra Leone), St Helena, Cape Town, Mauritius, Seylan ve Malta gibi bir dizi müstahkem üs verdi ve bunlar bundan böyle koloniler ile metropol arasındaki iletişimi sağlamaya hizmet etti.

BİLİM YÜZYILI

Amacı Obscurantism ile mücadele etmek olan Aydınlanma'dan miras kalan bilimsel araştırma hevesi, hem romantik hem de pozitivist bir 19. yüzyılda hızlanarak devam etti.

Kimyasal elementlerin ilk izolasyonunu borçlu olduğumuz modern kimyanın babası Lavoisier'in (1743-1794) çalışmalarına dayanarak, halefleri 19. yüzyılda neredeyse tüm elementleri keşfetti. 1869 yılında Rus kimyager Mendeleev (1834-1907) ünlü periyodik tablosunda elementleri atom ağırlıklarına göre sınıflandırdı.

Hatta elektrik alanı ilk başarısını 1800 yılında Alessandro Volta (İtalyan fizikçi, 1745-1827) tarafından pilin icadıyla yaşamıştır. Anthony Carlisle (İngiliz fizyolog, 1768-1840) tarafından ortaya çıkarılan elektroliz prensibi ve André Marie Ampere (Fransız fizikçi, 1775-1836) ve Michael Faraday (İngiliz kimyager ve fizikçi, 1791-1867) tarafından keşfedilen elektromanyetizma gibi birçok başka keşif de bu icattan kaynaklanmıştır.

Tıpta anestezi, 1844 yılında eter sayesinde daha yaygın olarak kullanılmaya başlandı. Özellikle Louis Pasteur'ün (Fransız kimyager ve biyolog, 1822-1895) çalışmalarıyla antibiyotik ve aşı alanında da ilerleme devam etti.

Bilgiye duyulan bu açlık, Avrupalı entelektüelleri dünyanın nasıl işlediğini anlamak için dünyanın farklı bölgelerini keşfetmeye de itti. Bu büyük bilimsel keşif gezileri, uzak bölgelerin haritalarını sürekli olarak geliştirmekten sorumlu olan haritacıları, gözlemleriyle evren hakkındaki bilgileri genişleten astrologları ve aynı zamanda hayvan ve bitki türlerini toplayan ve sürekli olarak keşfeden birçok doğa bilimciyi de içeriyordu. Öncelikli amaç artık yeni bölgelerin keşfedilmesi değil, dünya ve içindeki her şey hakkındaki anlayışın derinleştirilmesiydi.

DARWİNİZM'DEN ÖNCE: SABİTÇİLİĞE KARŞI DÖNÜŞÜMCÜLÜK

19. yüzyılın başlarına kadar tek bir fikir her şeye hükmediyordu: yaratılışçılık. İncil'deki Yaratılış ilkelerini takiben, tüm türlerin değişmez olduğu, Tanrı'nın iradesine göre kendiliğinden ve birbirinden bağımsız olarak

ortaya çıktığı düşünülüyordu. Ayrıca, o zamanın jeolojik zaman ölçeği bugün bildiğimizden oldukça farklıydı. Gerçekten de, Dünya'nın yaratılışı M.Ö. 23 Ekim 4004 Pazar gününe denk geliyordu ki, bu kadar kısa bir süre önce olduğu için bugün bildiğimiz şekliyle evrim teorisine izin vermezdi. Bu derin dini eğilim, bilim dünyasında, her türün çağları değişmeden ya da en azından önemli bir değişime uğramadan geçtiğini ifade eden Fixizm tarafından aktarıldı. Fixizm, 18. yüzyılda Carl Linnaeus'un (İsveçli doğa bilimci ve hekim, 1707-1778) her bireye Latince bir isim, bir cinsiyet ve bir tür atayarak bir tür sınıflandırma sistemi tasarlamasıyla önem kazanmıştır. Bugün hala kullanılan bu sistemin, Yaratıcı tarafından arzu edilen orijinal bölünmeyi yansıttığı, sabit ve değişmez olduğu düşünülmüştür.

 ## ZAMANLANMIŞ BIR HESAPLAMA

Dünyanın yaratılış tarihi (M.Ö. 23 Ekim 4004 Pazar) 17. yüzyılda İrlandalı Başpiskopos James Ussher (1581-1656) tarafından hesaplanmıştır. Kronolojisini, ilk insan Adem'den Süleyman'a (İsrail Kralı, M.Ö. 970-931) kadar tüm erkek soyunu anlatan İncil'e dayanarak, her bir soyun belirtilen yaşını dikkate alarak oluşturdu. Daha sonra İsrail Krallarının kronolojisi ve Romalılar gibi diğer uygarlıklarda o dönemde meydana gelen mükemmel tarihlendirilebilir olaylarla bağlantı kurdu. Bu geri sayım sonunda M.Ö. 4004 yılına ulaşıldı. Ay ve yıl, o yıl için 23 Ekim olan Yahudi yılının başlangıcına göre belirlendi. Pazar günü de Yahudi geleneğine göre seçilmiştir. Yaratılış'a göre Tanrı dünyayı altı günde yaratmış ve Yahudiler için Cumartesi gününe, yani Şabat'a denk gelen yedinci günde dinlenmiştir. Dolayısıyla yaratılışın başlangıcı, Yahudi haftasının ilk günü olan Pazar günüydü.

19. yüzyılın başlarında Fixist akımı temsil eden kişi Fransız doğa bilimci Georges Cuvier (1769-1832) olmuştur. Paradoksal bir şekilde, birkaç on yıl sonra evrim teorilerinin temelini oluşturan iki bilim dalının, yani paleontoloji (fosillerden canlıların incelenmesi) ve karşılaştırmalı anatominin (anatomiye dayalı akrabalık çalışmaları) bilimsel kurucularından biriydi. Bununla birlikte, yüzlerce fosilin keşfine rağmen Georges Cuvier, fosilleşmiş türlerin kendi zamanındakilerle hiçbir bağlantısı olmadığına inanarak kendisini Fixizm'in savunucusu olarak konumlandırdı. Bazılarının yok olduğuna ve diğerlerinin tamamen bağımsız olarak yaratıldığına inanıyordu. Hipotezini desteklemek için, en sonuncusu Nuh'un gemisinin üstesinden geldiği tufan olan büyük felaketleri çağrıştıran bir teori kullandı.

Sabitçilik hakim olsa da, Antik Çağ'a kadar uzanan bir başka bilimsel akım da o dönemde giderek daha önemli hale geldi: Dönüşümcülük. Sabitçilerin aksine Dönüşümcüler, türlerin zaman içinde belirli koşullara bağlı olarak değiştiğine inanıyordu. Georges Louis Leclerc de Buffon (1707-1788) gibi Aydınlanmanın büyük doğa bilimcileri tarafından aktarılan Dönüşümcülük, Jean-Baptiste Lamarck (Fransız doğa bilimci, 1744-1829) ile etkisini artırmıştır. Lamarck'a göre türler, daha fazla karmaşıklığa ve ilerlemeye doğru sürekli bir ilerleme içinde değişime uğramaktadır. Hatta Lamarck, bir organın dönüşümünün nesilden nesile aktarılarak türleri değiştirdiğini belirterek, özelliklerin kalıtımı ile ilgili – artık geçerliliğini yitirmiş olan – bir yasa bile çıkarmıştır. İddiasını destekleyen en iyi bilinen örnek, ağaç yapraklarıyla beslenmeye zorlanan ve boynunu yavaş yavaş uzatan zürafaydı. Bu dönüşüm daha sonra kalıtsal hale gelmiştir. Her ne kadar [20] yüzyılda genetik, türlerin dönüşüm ve mutasyonlarının çok daha karmaşık olduğunu göstermiş olsa da, Jean-Baptiste Lamarck yine de evrim teorisinin öncüsü olmaya devam etmektedir.

BİYOGRAFİLER

CHARLES DARWİN

Doğa bilimci ve evrim teorisinin kurucusu Charles Darwin, 12 Şubat 1809'da Shrewsbury'de (İngiltere) varlıklı ve eğitimli bir ailenin çocuğu olarak dünyaya geldi. Gerçekten de büyükbabaları doktor, botanikçi, zoolog ve şair Erasmus Darwin (1731-1802) ve ünlü çömlekçi Josiah Wedgwood (1730-1795), babası Robert Waring Darwin (1766-1848) ise doktordu. Ailesinin bu mükemmel kariyerine rağmen Charles Darwin'in okula ilgisi çok azdı ve bu durum notlarına da yansıyordu. Bununla birlikte, doğaya karşı tutkuluydu ve genç yaştan itibaren bitki ve böcek toplamaya başladı.

1825 yılında, 16 yaşındayken, babası onu tıp öğrenmesi için Edinburgh Üniversitesi'ne göndermeye karar verdi. Ancak bu çalışmalar genç adamı sıktı ve hatta tiksindirdi ve iki yıl sonra ayrıldı. Bununla birlikte, botanik ve zoolojiye olan tutkusunu doğrulayan ilk Doğa Tarihi derslerini orada aldı. Genç Darwin'in gerçek bir çağrıdan yoksun olduğu görüldüğünden, babası ona papaz olmasını önerdi, ancak bu pozisyon bir diploma almayı gerektiriyordu. Charles Darwin Cambridge'deki üç yıllık eğitimine pek hevesli olmasa da botanik dersleri alma fırsatı bularak başladı. Daha sonra Profesör John Henslow (İngiliz botanikçi ve jeolog, 1796-1861) ile arkadaş oldu.

1831 yılında nihayet Bachelor of Arts derecesini aldı ve profesörünün tavsiyesi üzerine kısa bir süre sonra Adam Sedgwick (1785-1873) ile birlikte kuzey Galler'e yapılan bir keşif gezisine katıldı. Bu deneyim, botanik ve zoolojinin yanı sıra artık jeolojiye de aşina olan Charles Darwin'in doğa bilimci eğitimini mükemmelleştirdi.

Üniversiteden ayrıldıktan sonra papaz olmak istemedi. Bunun yerine, zamanının büyük doğa bilimcileri gibi macera ve seyahat hayalleri kuruyordu. Yine John Henslow genç adama tavsiyelerde bulundu ve HMS *Beagle* gemisinin seferine doğa bilimci olarak katılmasını önerdi, hatta geminin kaptanı Robert FitzRoy'a (1805-1865) tavsiye mektubu gönderecek kadar ileri gitti. Charles Darwin nihayet seçildi ve isteksiz babasının onayını almayı başardıktan sonra Aralık 1831'de gemiye bindi. Yolculuğun iki yıl sürmesi planlanmasına rağmen, *Beagle*'ın görevini yerine getirebilmesi için beş yıl gerekti. Bu yolculuk, bulduğu tüm bitki, hayvan ve mineral türlerini gözlemleyerek, toplayarak ve analiz ederek, daha sonra kendisini ünlü yapacak olan teoriyi formüle etmeye başlayan Darwin için belirleyici oldu.

İngiltere'ye döndüğünde bilim çevrelerinde tanınmaya başladığını fark etti. John Henslow gerçekten de genç doğa bilimcinin seyahat yazışmalarını yayınlamaya özen göstermişti. Charles Darwin bu destek sayesinde bilimsel araştırmalarından geçimini sağlayabileceğini gördü ve din adamlığı kariyerini kesin olarak terk etti. 1839'da evlendi, Royal Society'ye girdi ve mercan adalarının oluşumuna dair bir teori içeren *Beagle* Seyahatnamesi'ni yayınladı.

1858'de Alfred Russel Wallace adlı bir başka doğa bilimci, Darwin'e kendi teorisine benzer bir evrim teorisi üzerine yaptığı çalışmayı gönderdi. Arkadaşlarının baskısı altında kalan Darwin sonunda Wallace'ın önüne geçmek için çalışmasını yayınlamaya karar verdi. 24 Kasım 1859'da *Doğal Seçilim Yoluyla Türlerin Kökeni ya da Yaşam Mücadelesinde Kayırılan Irkların Korunması* kitabı kitapçılarda yerini aldı. Başarı hemen geldi.

Bu yayının ardından tüm biyoloji alanı alt üst oldu ve bilim camiasında yoğun tartışmalar yaşandı. Ancak Charles Darwin, tartışmalardan uzak durarak kendini araştırmalarına adamaya devam etti, çok sayıda başka yazı yayınladı ve teorisini geliştirdi. 19 Nisan 1882'de Down, Kent'te öldü.

ALFRED RUSSEL WALLACE

Alfred Russel Wallace 8 Ocak'ta Usk'ta (Galler) doğmuş bir doğa bilimciydi. Doğa bilimlerinden etkilenerek 1848'den 1852'ye kadar Güney Amerika'ya seyahatler gerçekleştirdi ve burada diğer doğa bilimciler gibi her türlü canlı türünü topladı, gözlemledi ve araştırdı. Daha sonra 1854 yılında Malay Takımadaları'na doğru tekrar yola çıktı ve çoğunlukla Borneo'da bulundu.

Charles Darwin gibi o da gözlemlerinin ardından, hayvan ve bitki türlerinin doğal seçilimin itici güç olduğu uzun bir evrimin sonucu olduğu sonucuna vardı. Fikirleriyle yüzleşmek isteyen Wallace, 1858 yılında *Çeşitlerin Orijinal Tipten Belirsiz Bir Şekilde Uzaklaşma Eğilimi Üzerine* adlı çalışmasını Darwin'e gönderdi. Alfred

Wallace'ın çalışmalarının ne kadar ileri düzeyde olduğunu gören Darwin, arkadaşlarının da zorlamasıyla kendi teorisini bir an önce yayınlamaya karar verdi. Charles Darwin'in çalışmalarının önceliğini kabul etmekle birlikte, Alfred Wallace hayatı boyunca evrim teorisine hizmet etmeye devam etti.

7 Kasım 1913'te Broadstone'da (İngiltere) öldü.

EVRİM TEORİSİ

BEAGLE GEMİSİNDE BİR YOLCULUK

Charles Darwin, İngiliz Amiralliği'nin *Beagle gemisiyle yapacağı* bilimsel bir keşif gezisine katılması teklif edildiğinde henüz eğitimini tamamlamıştı. Kaptan Robert FitzRoy'un komuta ettiği görev, 1826'da başlayan Patagonya ve Tierra del Fuego'nun haritalanmasına devam etmeyi ve ardından Şili, Peru ve bazı Pasifik adalarının kıyılarında araştırmalar yapmayı amaçlıyordu.

Beagle gemisine bindi ve 27 Aralık 1831 Çarşamba günü beş yıllık bir süre için yola çıktı. Yola çıktığında 22 yaşında olan doğa bilimci, daha sonra "Beagle yolculuğunun hayatındaki en önemli olay olduğunu ve… tüm kariyerini belirlediğini" iddia etmiştir (Darwin, 2002).

Deniz tutmasından muzdarip olmasına rağmen, genç doğa bilimci *Beagle*'daki görevinden keyif aldı. Komutan, kendisine sunulan tüm türleri keşfedebilmesi, toplayabilmesi, inceleyebilmesi ve doğallaştırabilmesi için kıyıya uzun geziler yapmasına izin verdi. Birkaç durak ve uzun bir Atlantik geçişinden sonra gemi 4 Nisan 1832'de Rio Körfezi'ne vardı. Burada, Darwin'e yağmur ormanlarına girme özgürlüğü veren iki aylık bir mola planlandı.

Doğadaki inanılmaz çeşitlilik karşısında büyülenen genç adam, yaşamın ölüm ve çürümeyle yan yana durduğu ormanın kaosundan ve türlerin hayatta kalmak için verdiği şiddetli mücadeleden de etkilendi. Bu manzara onun için yeniydi. O zamana kadar herkes yağmur ormanlarını, ilahi iradeye göre doğanın iyi olduğu muhteşem bir Cennet Bahçesi olarak görüyordu. Ancak doğa bilimci orada bunun tam tersini keşfetti. Bu düşmanca ortamda bireylerin davranışlarını hayatta kalmak yönetiyordu. Darwin yorulmak bilmeden türlerin yaşam koşulları ve aralarındaki bağlantılar üzerine genel bir araştırma başlattı.

SORGULAMA ZAMANI

Beagle yolculuğuna 5 Temmuz'da yeniden başladı ve 7 Eylül'de Bahia Blanca'ya (Buenos Aires'in güneyi) vardı. Bir saha gezisi sırasında Charles Darwin fosilleşmiş kemikler keşfetti. Bazılarını daha önce görmüş olmasına rağmen, bu, onları doğal dinlenme yerlerinde incelemek için sahip olduğu ilk fırsattı. Daha sonra kemiklerin farklı jeolojik katmanlarda konumlandığını ve bir toprak kabarmasını gösterdiğini fark etti. Ancak dikkati, Georges Cuvier'nin önermeleri aksini belirtse de, şaşırtıcı bir şekilde hâlâ hayatta olan diğer türlerle benzerlikler gösteren dev memelinin kalıntılarına odaklanmıştı. Megatherium adı verilen bu memeli aslında 11.000 yıldır nesli tükenmiş olan dev bir tembel hayvandı.

Bu keşif Charles Darwin'i büyüledi ve düşüncelerini körükledi. Soyu tükenmiş ve yaşayan türler arasında bir bağlantı var mıydı? Günümüzdeki türler eski türlerin dönüşümünün bir sonucu muydu? Doğa bilimci için bu tür sorulara yanıt vermek için henüz çok erkendi. Bununla birlikte, fırsatını bulur bulmaz İngiltere'ye gönderdiği ve giderek büyüyen keşifleri ve koleksiyonları, dünyaya ve doğaya ilişkin önceki tüm anlayışlarını değiştirdi.

Aralık 1832'de natüralist fikirleri daha da altüst edecek yeni bir deneyim yaşandı. *Beagle* Tierra del Fuego'ya ulaşmıştı ve bir misyoner ile üç Fuegialıyı (Tierra del Fuego sakinleri) karaya çıkarmak üzereydi. Üç yıl önce eğitilmek üzere İngiltere'ye getirilmişlerdi. Deneyin amacı, nüfusun geri kalanını medenileştirmek için onları orijinal kabilelerine geri getirmekti. Görevin bu kısmı tamamen başarısızlıkla sonuçlansa da, doğa bilimcilerin düşüncelerine büyük ölçüde hizmet etti. "İlkel" insanlarla ilk kez karşılaşan Charles Darwin dehşete kapıldı. Onların temel yaşam biçimlerini, vahşete varan davranışlarını ve tehlikeli bir ortamda hayatta kalma mücadelelerini not etti. Bununla birlikte, üçü eğitimliydi ve bu da o dönemde pek çok kişinin düşündüğü gibi insan "ırkları" arasında entelektüel bir üstünlük olmadığını kanıtlıyordu. Dolayısıyla, insanın durumunu etkileyen şey çevreydi. Dünyanın dört bir yanındaki vahşi popülasyonların manzarasıyla karşı karşıya kalan Charles Darwin, insan ve hayvan arasındaki sınırın teologların inanmak istediğinden daha ince olduğunu gözlemledi. Aksine, Darwin insanı her şeyin üstünde yer alan ilahi bir yaratık olarak değil, diğerleri arasında bir memeli olarak görüyordu.

Patagonya'daki birkaç gezi ve duraklamadan sonra *Beagle*, Haziran 1834'te Macellan Boğazı'nı geçti. 23

Temmuz'da Şili'nin Valparaiso kentine ulaştı. Charles Darwin And Dağları'na doğru ilk gezisine çıktı ve şaşkınlık içinde 4.000 metre yükseklikte fosilleşmiş deniz kabukları keşfetti. Bu rahatsız edici deneyim, toprağın bilinmeyen güçler tarafından güçlü bir şekilde yükseltildiğini fark etmesini sağladı. Dahası, böyle bir olay uzun bir zaman diliminde meydana gelmiş olmalıydı ki bu da İncil'den edindiği jeolojik zaman fikirlerini sorgulamasına neden oldu. *Beagle* daha sonra kıyıdan geri dönerek Valdivia'ya (Şili limanı) gitti ve 1835 Şubat'ında buraya ulaştıktan sonra Mart ayında Valparaiso'ya döndü ve doğa bilimci And Dağları'nı ikinci kez keşfetti. Charles Darwin Valdivia'da, doğanın inanılmaz gücünü ve özellikle de sürekli değişen bir dünyanın istikrarsızlığını fark etmesini sağlayan şiddetli bir depremle karşılaştı.

GALAPAGOS ADALARI VE İSPİNOZLARI

Lima'ya (Peru) ulaştıktan sonra keşif gezisi, Charles Darwin'in memnun olduğu Galapagos Adaları'na yöneldi. Yolculuğun bu aşaması doğa bilimci için teorisini geliştirmesi açısından gerçekten de çok önemliydi. *Beagle* 17 Eylül 1835'te Chatham Adası'na vardı ve Darwin hemen keşiflerine başladı. Adadan adaya geçerken, bu takımadalarda başka hiçbir yerde bulunamayan türler olduğunu fark etti. En ünlüleri arasında etini tatma fırsatı bulduğu dev kaplumbağalar ve suya dayanıklılıklarını test etmek için birkaç kez suya attığı iguanalar vardı. Charles Darwin adalardaki kuşlarla, yani yıllar sonra onun sayesinde gerçekten ünlü olacak olan ispinozlarla da ilgilenmiştir.

Toplanan 26 kara kuşu türü arasında ispinozlar ilk bakışta oldukça sıradan görünüyordu. Ancak Darwin onları gözlemledikten sonra, gagalarının büyüklüğüne göre farklılaşan bu küçük kuşların en az on üç türünü ayırt etti. Bazen bir grosbeak gibi çok gelişmiş, bazen bir bülbül gibi çok daha ince ve iki uç nokta arasında çok sayıda boyut vardı. Charles Darwin, ispinoz örneğinin önemini ancak çok sonraları, teorisini geliştirirken fark etti. Onlar gerçekten de türlerin çeşitliliğinin somut kanıtlarıdır.

Muhtemelen Amerika kıtasındaki ortak bir atadan türemiş olan bu kuşlar, Galapagos Adaları'nın sert ortamına uyum sağlamak için zaman içinde değişime uğramıştır. Yiyecek sınırlı olduğundan, türler her adada mevcut olan yiyeceğe göre belirli özellikler içerecek şekilde evrimleşmiştir. Bazıları tohum yiyici olurken, diğerleri böcek yiyici olmuştur. Ancak ilk kategori içinde bile bireysellikler mevcuttur: gerçekten de bazıları sadece daha güçlü bir gaganın parçalayabileceği daha sert, daha büyük tohumlarla beslenirken, diğerleri yemesi daha kolay olan daha küçük tohumlarla beslenir ve bu kuşta bulunabilecek birçok gaga türü için gerekli açıklamaları sağlar.

Bugün bile "Darwin'in ispinozları" türlerin evrimini gözlemlemek için incelenmektedir. Bu nedenle biyologlar, yiyeceğin daha az olduğu kuraklık dönemlerinde, her şeyle beslenebilen büyük gagalı ispinozlar gibi daha büyük tohumları kıramadıkları için küçük gagalı ispinozların popülasyonunda bir düşüş görüyorlar. Dolayısıyla bu keşif, en iyi adapte olmuş türlerin daha az adapte olmuş türlere göre hayatta kalacağını göstermektedir. Darwin ispinozları keşfettiğinde doğal seçilimden bahsetmemiş olsa da, türlerin çeşitliliğine ve türleşmeye (yeni türlerin oluşumu) ikna olmuştu.

Beagle'ın görevinin sona ermesiyle birlikte Britanya'ya dönüş nihayet başlayabilirdi. Gemi 20 Ekim 1835'te Galapagos'tan ayrıldı ve sırasıyla Tahiti, Yeni Zelanda ve Avustralya'ya ulaştı. Nisan ayında, Darwin'in mercan adalarının oluşumuna ilişkin teorisini geliştirdiği Cocos Adaları'na (Hint Okyanusu adaları) ulaştı. Ayrıca, çeşitli dalları evrim ağaçlarına (türlerin birden fazla yöne gittiği) ilham veren mercanlardan da etkilenmişti. Son olarak Mauritius, Cape Town ve St Helena adasını dolaştıktan sonra gemi 2 Ekim 1836'da İngiltere'ye vardı. Yolculuk sırasında Charles Darwin 770 sayfa not yazmış ve alkolde muhafaza edilmiş 1 529 tür ile 3 907 "kuru" tür toplamıştı. Böylesine geniş bir malzeme temeline sahip olan doğa bilimcinin bulguları üzerine düşünmesi yıllarca sürebilirdi.

EN GÜÇLÜ OLANIN HAYATTA KALMASI

Charles Darwin döndükten sonra ünlü olduğunu fark etti. John Henslow'a yazdığı mektuplar gerçekten de bilim çevrelerinde okunmuş, bu da onu tanınan bir bilim adamı haline getirmişti. Hemen koleksiyonlarını kataloglamaya başladı ve hatta mümkün olduğunca fazla bilgi edinmek için onları birçok uzmana emanet etti. Şubat 1837'de, özellikle Galapagos ispinozları konusunda ilk sonuçlar elde edildi: 13 farklı ispinoz türü vardı, ancak hepsi birbirine çok yakındı. Bu arada

Charles Darwin, sonunda 1839'da yayınlayacağı notları üzerinde çalıştı. Son olarak, Temmuz 1837'den Temmuz 1839'a kadar, türlerin kökeni teorisi üzerine ilk kitaplarını yazdı.

Ancak Darwin, fikirlerinin o dönem için tehlikeli olduğunun farkında olarak temkinli davranmaya devam etti. Bu nedenle, ihtiyatlı davranmaya devam ederken, yeni kanıtlar toplamak için etrafını bilim insanlarının yanı sıra hayvan yetiştiricileri, bahçıvanlar ve fidancılarla çevreledi. Teorisi artık yaratılışçılıktan ve aynı zamanda Lamarck'ın dönüşümcülüğünden açıkça farklıydı. Böylece, türlerin dönüşümünün bir hayvanın gelişme isteğinin sonucu olarak kontrol edilmediğini, daha ziyade çevresine uyum sağladığını varsaydı. Dolayısıyla, ağaçlardaki yaprakları yiyerek boyunlarını uzatan zürafalar değil, daha uzun boyunlu zürafalar daha fazla yiyeceğe sahip olabiliyor ve böylece hayatta kalabiliyordu. Charles Darwin, gözlem ve düşünme yoluyla bu seçilimin türlerin dönüşümünün temel taşı olduğunu anladı.

Bu nedenle, evcil hayvan yetiştiricilerinin belirli hayvanlar arasındaki asgari farklılıkları belirleyebileceğini ve üremek için en uygun veya en güçlü olanları yapay olarak seçebileceğini ve böylece türleri kademeli olarak değiştirebileceğini belirtti. Doğada da bu seçilim gerçekleşir, ancak bu doğal seçilimdir. Ancak Darwin bu seçilimin doğal olarak nasıl gerçekleştiğini henüz anlamamıştı. Sebebi neydi? Analizlerine ve özellikle de okumalarına devam ederek, sonunda cevabı Thomas Malthus'un (İngiliz ekonomist, 1766-1834) yazdığı ve insanın hayatta kalma mücadelesinin anlatıldığı *Nüfus*

İlkesi Üzerine Bir Deneme'de buldu. Charles Darwin, yağmur ormanlarında türler arasında yaşanan şiddetli savaşı hatırlayarak, doğal seçilimin nedenini bulduğunu fark etti: hayatta kalma mücadelesi. Düşmanca bir ortamda, çevrenin yaşam koşulları değişirken, yalnızca en uyumlu olanlar hayatta kalacak ve üreyecek, bu da türleri kademeli olarak dönüştürecektir. Doğa bilimci artık teorisinin temeline sahipti, ancak kışkırtacağı devrimden duyduğu endişe kitabının yazılmasını ve yayınlanmasını sürekli engelledi.

DOĞAL SEÇİLİM YOLUYLA TÜRLERİN KÖKENİ

Charles Darwin sonraki yirmi yıl boyunca (1839-1859) sürekli yazdı. *Beagle'daki* yolculuğu sırasında atoller, volkanik adalar ve zooloji üzerine eserler yazdı. Ayrıca 1842 ve 1844 yıllarında evrim teorisinin iki taslağını yazdı, ancak yayınlamayı düşünmeden önce yorulmadan kanıt toplamaya devam etti. Bu arada, 1846'dan 1852'ye kadar Darwin, bir yandan asıl çalışmasına devam ederken bir yandan da ününü daha da arttırmak için midyeler (kabuklular) üzerinde çalışmaya kendini adadı.

Darwin 1856'dan itibaren kitabını yazmaya başladı ve Mart 1858'de, doğal seçilime ayrılmış olan bölüm de dahil olmak üzere on bölüm tamamlandı. Yine de kitabın fiilen yayınlanması dış bir unsur tarafından aceleye getirildi. Başka bir doğa bilimci olan Alfred Wallace, Darwin'e kendi çalışmalarına çok benzediğini kanıtladığı kendi çalışmalarını gönderdi. Arkadaşları tarafından cesaretlendirilen Darwin, 1 Temmuz 1858'de Alfred Wallace'ın makalesi ile birlikte çalışmalarının bir örneğini sundu, ancak teori üzerinde 1839'dan beri çalıştığını belirtti. Deneme büyük bir ilgisizlikle karşılanmasına rağmen, doğa bilimci kitabını yazmaya devam etti. Nihayet 24 Kasım 1859'da hayatının eserini yayınladı: *Doğal Seçilim Yoluyla Türlerin Kökeni ya da Yaşam Mücadelesinde Tercih Edilen Irkların Korunması Üzerine.*

Tamamen yeni bir evrim teorisi ortaya çıktı. Charles Darwin'e göre türler, yaratılışçılığın ima ettiği gibi değişmez değil, ortak bir atadan gelen yavaş bir evrim sürecinin sonucuydu. Bu değişimin doğal seçilim tarafından yönetildiğini belirtmiştir. Her tür için tesadüfen değişiklikler meydana gelebilir. Bunlar koşullara bağlı olarak (çevre, iklim, yiyecek, kamuflaj, vb.) olumlu ya da olumsuz olabilir. Bu durumda doğal seçilim devreye girebilir. Evrim mevcut koşullara daha uygunsa, bu bireylerin hayatta kalma ve üreme olasılığı daha yüksek olacak, böylece belirli özelliklerini yavrularına aktaracaklardır. Daha az uygun olanlar ise yok olmaya mahkumdur. Dolayısıyla bu değişim sabittir. Ne bir yönü, ne bir amacı, ne de daha fazla ilerleme sağlayacak özel bir amacı vardır; sadece daha iyi bir adaptasyonun sonucudur.

ETKİ

DİNİ VE BİLİMSEL MUHALEFET

Türlerin Kökeni'nin yayınlanması, 1 250 adetlik ilk baskının kısa sürede tükenmesine neden olacak kadar hızlı bir başarı elde etti. Kitabın 1872'ye kadar altı baskısı yapıldı ve ilave revizyon bilgileri eklendi. Bu başarıya rağmen eser birçok tartışmayı da beraberinde getirdi. Gazete tarafından kamuoyuna duyurulan bu doğa kitabı üzerine İngiltere'de evrimciler ve Anglikan Kilisesi arasında gerçek bir kamusal tartışma başladı; evrimciler bilim dünyasında Fixistler tarafından destekleniyordu.

Charles Darwin'in çalışmaları, Tanrı'nın varlığını ihmal ettiği ya da tamamen reddettiği için Kilise'nin gazabına uğramıştır. Dönemin anlayışına göre, İncil'de öğretildiği gibi, tüm yaratılış ilahi iradenin bir eylemiydi. Benzer şekilde, bereketli doğa imajı Charles Darwin tarafından tamamen baltalanmıştır. Bunun yerine, doğal seçilimin acımasızca en uygun olanı tercih ettiği yer olduğu için onu vahşi olarak sundu. Türlerin kökeni ve evrimlerinin temelinde ilahi bir müdahalenin olmadığını bilimsel olarak kanıtlayan Charles Darwin, Tanrı kavramını ve dolayısıyla inancın kendisini geçersiz kılmıştır. Ancak o dönemde Kilise kendisini toplumsal düzenin garantörü olarak görüyordu. Evrim ilkesi, Linnaean sistemine göre türlerin değişmez sınıflandırmasını henüz tamamlamış olan Fixistlere bile düşmandı.

Son olarak, Charles Darwin'in çalışması insan ve kökeni sorusundan kasıtlı olarak kaçınmıştır. Yazar sorunlardan kaçınmayı umuyordu, ancak sessizliği çabucak yorumlandı ve muhtemelen haklı olarak, insan ve diğer türler arasında hiçbir ayrım yapmama isteği olarak yorumlandı. İnsan mücadelenin üstünde değildir, bunun yerine diğer türler gibi evrim yasalarına tabidir. Bu görüş kısa sürede insanın maymundan evrimleştiği fikrine indirgenmiştir – ki Charles Darwin kitabında bunu asla iddia etmemiştir.

Her iki tarafın saldırıları sonunda 30 Haziran 1860'ta Oxford'da büyük bir tartışmaya yol açtı. O sırada acı çeken Darwin tartışmaya katılmadı, ancak arkadaşı Thomas Huxley (İngiliz fizyolog, 1825-1895) tarafından temsil edilirken, Oxford Piskoposu Samuel Wilberforce (1805-1873) dini taraf adına konuştu. İki adam arasındaki tartışma çok sert geçti. Piskopos rakibine büyükbabası aracılığıyla maymundan gelip gelmediğini sormaktan çekinmedi. Thomas Huxley cevap verdi: "O halde, dedim, bana sorulan soru, büyükbabam olarak sefil bir maymunu mu yoksa doğası gereği son derece yetenekli ve büyük nüfuz araçlarına sahip olan ve yine de bu yeteneklerini ve bu nüfuzunu sırf ciddi bir bilimsel tartışmaya alay sokmak amacıyla kullanan bir adamı mı tercih edeceğim ise, hiç tereddüt etmeden maymunu tercih ettiğimi söyleyebilirim" (Continenza, 2004: 136). Tartışmanın sonunda her iki taraf da üstünlüğü ele geçirdiğine inandı ve böylece tartışmalar yıllarca devam etti. Charles Darwin'in fikirleri yine de tüm dünyaya yayıldı ve bilimsel ilerleme sonunda onu haklı çıkardı.

Benzer şekilde, Kilise de evrim teorisi ile inanç arasındaki her türlü çelişkiyi bir kenara bırakarak, evrenin doğuşunda Tanrı'nın müdahalesi olduğunu ve yasalarını koyduğunu düşünmeye başlamıştır. Bununla birlikte, daha fanatik diğer dini gruplar bugün bile Charles Darwin'in teorisini reddetmeye devam etmekte ve İncil'in harfi harfine okunmasını tercih etmektedir. Yaratılışçılar olarak adlandırılan bu gruplar çoğunlukla Amerika Birleşik Devletleri ve Avustralya'da bulunmaktadır.

DARWİNİZM VE NEO-DARWİNİZM

Charles Darwin tartışmalardan uzak durmakla birlikte yine de çalışmalarına devam etti ve elinden geldiğince teorisini destekleyen argümanlar sundu. Böylece iddialarını destekleyen ya da farklı konuları ele alan birçok başka yayın yaptı. Konudan sonsuza dek kaçamayacağının farkında olan doğa bilimci, 1871'de yayımlanan *The Descent of Man, and Selection in Relation to Sex* (İnsanın Türeyişi ve Cinsiyete Bağlı Seçilim) ve ertesi yıl yayımlanan The *Expression of the Emotions in Man and Animals* (İnsan ve Hayvanlarda Duyguların İfadesi) adlı kitaplarında insan sorununu da ele aldı. Charles Darwin bu iki kitapta insanı, diğer türler gibi ortak bir atadan türemiş olan memeliler arasına yerleştirmiştir. İnsan da evrime tabidir. Ancak doğa bilimci, insanı doğal seçilimin değil, başka bir faktörün, yani daha az katı olsa da diğer türlerde de görülen cinsel seçilimin ürünü olarak görmüştür. En yakışıklı ve en güçlü erkeklerin üreme ve yavru sahibi olma olasılığı daha yüksekti.

Ağır eleştirilere maruz kalsa da Charles Darwin'in, özellikle onun çalışmalarını bilim alanında devrim niteliğinde gören genç kuşak doğa bilimciler arasında bazı savunucuları da vardı. Evrim teorisini savunan Darwinizm doğdu. Darwin'in yaşamının son yıllarında ve sonrasında birçok araştırmacı onun çalışmalarını sürdürdü. İnsan sorusu hala tartışılıyordu ve birçok bilim insanını kayıp halkayı aramaya, varsayımsal olarak maymun ve insan arasında bağlantı kurmaya sevk etti. 1856 yılında Almanya'da Neandertallere ait fosil kalıntıları bulundu. Darwin'in teorisinin savunucuları bunu insan evriminin erken bir aşaması olarak görmekte gecikmedi. Daha sonra, [20.] yüzyılda, başka fosiller de insanın *Homo erectus'tan Homo habilis'e* evrimini gösterecekti.

Bu arada, 1865 yılında, genetiğin öncüsü Gregor Mendel (1822-1884), Darwin bu teorilerden haberdar olmamasına rağmen, evrim teorisini güçlendiren kalıtım ve gen yasalarını keşfetti. [20.] yüzyılın başlarında Mendel'in çalışmaları evrim teorisiyle paralel hale getirilerek Neo-Darwinizm ya da "modern evrim sentezi" ortaya çıkmıştır. Genetik ile tamamlanan Darwin'in teorisi kaçınılmaz hale geldi ve varyasyonların bir bireyden yavrularına aktarımını mükemmel bir şekilde açıkladı. Genetik ve DNA araştırmalarının keşfi, insan evrimi üzerine yapılan araştırmaları da sekteye uğrattı. Bilim insanları insanın maymunun doğrudan torunu değil kuzeni olduğunu keşfetti. Kayıp halka arayışı, insanlar ve maymunlar için ortak olan en eski ata lehine durdu.

Charles Darwin 19 Nisan 1872'de ölmüş olmasına rağmen, çığır açan kitabı hala tarihin en önemli eserlerinden biri olmaya devam etmekte ve bilimler ile doğa ve insanlar da dahil olmak üzere türlere ilişkin felsefi anlayışları derinden etkilemektedir. "Bu gezegen sabit yerçekimi yasasına göre dönmeye devam ederken, bu kadar basit bir başlangıçtan en güzel ve en harika sonsuz formlar evrimleşmiştir ve evrimleşmektedir." (Darwin 2008).

ÖZET

- Charles Darwin 12 Şubat 1809'da İngiltere'de doğdu. Fakir bir öğrenciyken doktor ve papaz olmak için çalışmaya başladı, ancak bu konuda gerçek bir ilgisi yoktu. Ancak doğa bilimleri konusunda tutkuluydu ve bitki ve böcek koleksiyonu yapmaya başladı.

- Eğitiminin sonunda genç adam, *Beagle gemisinin* dünya çevresindeki keşif gezisine doğa bilimci olarak katılma fırsatı buldu. Teklifi kabul ederek 27 Aralık 1831'de yolculuğuna başladı. Bu yolculuk Charles Darwin'in ünlü bir doğa bilimci olmasına yol açtı.

- Nisan 1832'de yağmur ormanlarını keşfetti ve doğanın vahşiliği ve farklı türlerin hayatta kalma mücadelesi karşısında şok oldu. Bu vizyon, ilahi iradeye göre bereketli bir doğa fikrinden çok uzaktı. Bu deneyim Darwin'in düşüncelerini sonsuza dek değiştirdi.

- *Beagle*, Aralık 1832'de Tierra del Fuego'ya ulaştı. Tierra del Fuego'daki kabileleri inceleyen Darwin, insanın kökeni hakkındaki fikirlerinin tamamen yıkıldığını gördü. İnsanı diğer hayvanlardan ayrı ve üstün olarak değil, diğerleri gibi bir memeli olarak görüyordu.

- Keşif gezisi daha sonra Eylül 1835'te Galapagos Adaları'na ulaştı. Genç doğa bilimci bu takımadalarda, gagalarının büyüklüğüne göre farklılaşan en az 13 farklı tür keşfettiği ispinozlar aracılığıyla türleşmenin ve türlerin çeşitliliğinin kanıtlarını hayranlıkla izleme fırsatı buldu.

- Charles Darwin 1836'da İngiltere'ye döndüğünde hemen notlarını analiz etmeye ve koleksiyonunu kataloglamaya başladı, hatta mümkün olduğunca çok bilgi toplamak için bazı koleksiyonları birkaç uzmana emanet etti. 1839 yılına kadar evrim teorisi üzerine kitaplar yazdı.

- Elinden geldiğince çok kanıt toplayan Darwin, etrafını birçok uzmanla çevreledi ve araştırmalarına devam etti. Sonunda doğal seçilimi evrimin tetikleyicisi ve hayatta kalma mücadelesini itici güç olarak tanımlayarak teorisinin temelini attı. Ancak, böyle bir kesintinin yaratabileceği etkiden endişe eden Charles Darwin'in kitabını yazması yirmi yıl sürdü.

- Charles Darwin 1842 ve 1844'te birkaç taslak yazdıktan ve nihayet 1856'da fiilen yazmaya başladıktan sonra, çalışmasının yayınlanmasını tamamlamak için acele etti. Başka bir doğa bilimci, Alfred Wallace, onunla aynı sonuca ulaşmıştı ve teorisini önce onun yayınlama riski vardı.

- 24 Kasım 1859'da yeni evrim teorisi *On the Origin of Species by Means of Natural Selection* (*Doğal Seçilim Yoluyla Türlerin Kökeni Üzerine*) adıyla yayımlandı. Kitap o kadar başarılı oldu ki 1866 yılına kadar altı kez yeniden basıldı.

- Charles Darwin'in kitabı, özellikle Kilise temsilcileri arasında hemen tartışmalara yol açtı. Doğa bilimci yine de çalışmalarına devam etti ve insanın kökeni ve evrimi sorununu ele alarak zamanının felsefi fikirlerini sonsuza dek sarstı.

- Charles Darwin 19 Nisan 1872'de öldü.

DAHA FAZLASINI ÖĞRENİN

BİBLİYOGRAFYA

Bowlby, J. (1992) *Charles Darwin: Yeni Bir Yaşam*. New York: W.W. Norton & Company.

Brosse, J. (1999) *Les tours du monde des explorateurs. Les grands voyages maritimes, 17641843*. Paris: Bordas.

Continenza, B. (2004) *Darwin, l'arbre de vie*. Paris: Pour la Science.

Darwin, C. (2002) *Autobiographies*. Londra: Penguin.

Darwin, C. (2008) *Türlerin Kökeni Üzerine*. Oxford: Oxford Dünya Klasikleri.

Histoire universelle : le XIXe siècle en Europe et en Amérique du Nord (2007) *Création de l'Empire britannique*. Paris: Hachette.

Histoire universelle : le XIXe siècle en Europe et en Amérique du Nord (2007) *La science romantique*. Paris: Hachette.

Histoire universelle : le XIXe siècle en Europe et en Amérique du Nord (2007) *Positivisme et science expérimentale*. Paris: Hachette.

Rice, T. (1999) *Voyages : trois siècles d'explorations naturalistes*. Neuchâtel: Delachaux ve Niestlé.

Tort, P. (1997) *Darwin et le darwinisme*. Paris: Presses Universitaires de France.

EK KAYNAKLAR

Desmond, A. Moore, J.A. (1992) *Darwin*. New York: W.W. Norton & Company.

Ruse, M. (2008) *Charles Darwin*. Oxford: Blackwell.

Ruse, M. (eds.) (2013) *The Cambridge Encyclopedia of Darwin and Evolutionary Thought*. Cambridge: Cambridge Üniversitesi Yayınları.

Ruse, M. ve Richards, R.J. (2016) *Debating Darwin*. Chicago: Chicago Üniversitesi Yayınları.

Strager, H. (2016) *A Modest Genius: The Story of Darwin's Life and How His Ideas Changed Everything*. CreateSpace Bağımsız Yayıncılık Platformu.

İKONOGRAFİK KAYNAKLAR

Voltaik yığın, Louise Margat-L'Huillier'in *Leçons de Physique* kitabından bir görüntü. Paris: Vuibert et Nony, 1904. Telifsiz çoğaltma resim.

Carl Linnaeus, Sarah K. Bolton'ın *Famous Men of Science* kitabından gravür. New York: T. Y. Crowell & Co., 1889. Telifsiz çoğaltma resim.

Charles Darwin 7 yaşında, Ellen Sharples tarafından, 1816. Telifsiz reprodüksiyon resim.

Alfred Russel Wallace, 1908. Telifsiz reprodüksiyon resim.

Le HMS Beagle in Tierra del Fuego, Conrad Martens *tarafından yapılmıştır*. Bu resim *Beagle*'ın yolculuğu sırasında (1831-1836) yapılmıştır. Telifsiz reprodüksiyon resim.

Darwin'in ispinozları, 1845. © John Gould.

FİLMLER VE BELGESELLER

Darwin et la Science de l'évolution. (2003) [Belgesel]. Valérie Winckler. Yönetmen. Fransa: Arte France, Trans Europe Film, CNRS Images.

Charles Darwin ve Hayat Ağacı. (2009) [Belgesel]. David Attenborough. Yazar. BIRLEŞIK KRALLIK: British Broadcasting Corporation, The Open University.

Yaratılış. (2009) [Film]. Jon Amiel. Yönetmen. Birleşik Krallık: Recorded Picture Company.

Le Grand Voyage de Charles Darwin. (2009) [Belgesel]. Hannes Schuler ve Katharina von Flotow. Yönetmen. Fransa: Les Films du Paradoxe.

MÜZELER VE HATIRA ANITLARI

Down House, Charles Darwin'in evi, Down, Kent (Birleşik Krallık).

Charles Darwin anıtı, Shrewsbury (Birleşik Krallık).

Doğal Tarih Müzesi, Londra (Birleşik Krallık).

Charles Darwin'in Londra (Birleşik Krallık) Doğa Tarihi Müzesi'ndeki heykeli.

Sizden haber almak istiyoruz!
Çevrimiçi kütüphaneniz hakkında yorum bırakın
ve favori kitaplarınızı sosyal medyada paylaşın!

IMPROVE YOUR GENERAL KNOWLEDGE

IN THE BLINK OF AN EYE!

www.50minutes.com

Yayıncı, yayınlanan bilgilerin güvenilirliğini garanti eder, ancak sorumluluğunu üstlenemez.

Ana ISBN : 9782808600682
Kağıt ISBN : 9782808602136
Yasal depozito: D/2022/12603/214

Dijital tasarım: Primento, yayıncıların dijital ortağı.